# Ciencia

Editado por Scholastic Inc., 90 Old Sherman Turnpike, Danbury, CT 06816

SCHOLASTIC y los logotipos asociados son marcas de producto y/o marcas registradas de Scholastic Inc.

ISBN 0-439-90515-X

Título del original en inglés: Diego's Sea Turtle Adventure

Traducción de Daniel A. González y asociados

Impreso en Estados Unidos de América

Primera impresión de Scholastic, septiembre de 2006

# La aventura de Diego y la tortuga marina

**por**
**Christine Ricci**

**ilustrado por**
**Alex Maher**

SCHOLASTIC INC.

Nueva York  Toronto  Londres  Auckland  Sydney
Ciudad de México  Nueva Delhi  Hong Kong  Buenos Aires

—¡Ayuda, Socorro! *Help!* —escuchó Diego cuando su planeador volaba sobre la selva lluviosa. —¡Parece que un animal está en peligro! —pensó—. ¡Tengo que encontrar al animal que necesita ayuda! Diego planeó hacia el Centro de Rescate de Animales.

Diego se reunió con su hermana, Alicia, en el departamento de Ciencias. Click, su cámara especial, encontró el animal en problemas. —¿Qué tipo de animal es? —preguntó Alicia. —¡Es una tortuga marina! —exclamó Diego—. Y no es sólo una tortuga marina, ¡es nuestro amigo Luis, la tortuga carey!

Luis estaba varado en medio de un puerto lleno de
barcos. —Tenemos que rescatar a Luis antes de que un
barco lo golpee. **To the rescue!** ¡Al rescate! —anunció
Diego mientras salía rumbo al mar. —¡Vamos, Diego,
vamos! —lo animó Alicia.

Cuando
Diego estaba a
punto de llegar al mar,
escuchó un ruido muy fuerte.
—¡Ay, cuidado! —gritó Diego cuando
un montón de arena se deslizó de las
dunas y le bloqueó el paso.

10

—¡Bobos! ¡Bobos! —oyó dos voces que se reían en la cima de las dunas. Los Hermanos Bobo estaban haciendo que la arena se deslizara por un lado de las dunas. Diego tenía que detenerlos.

—¡Alto, Bobos, basta! —gritó.

Los Hermanos Bobo se detuvieron. —¡Ups! Perdón, Diego —dijeron al tiempo que se fueron rápidamente.

Diego corrió hasta la orilla del agua.

—Las tortugas
carey tienen los
caparazones marrones
con rayas amarillas y picos
filosos y puntiagudos
—dijo Diego mientras
sacaba su telescopio y observaba
el puerto. ¡Finalmente, vio a Luis,
la tortuga carey!

Luis flotaba cerca de varios barcos grandes. —¡Ay, ay, ay! —gritó Diego—, ¡un barco podría golpear a Luis!

Para rescatar a Luis, Diego necesitaba algo para ir por el agua. —La mochila de rescate Rescue Pack puede transformarse en cualquier cosa que necesite. *Activate!* ¡Actívate! —le gritó Diego.

Rescue Pack se transformó en una moto de agua.
Diego tiró de un cordón de su chaleco y éste se convirtió
en un chaleco salvavidas.

Entonces Diego saltó a la moto de agua y aceleró
hacia el puerto lleno de barcos.

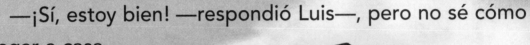

Cuando estuvo cerca, empezó a dar grandes círculos con la moto alrededor de Luis y puso banderas de advertencia en el agua para que los demás barcos las vieran.

—Luis, ¿estás bien? —preguntó Diego.

—¡Sí, estoy bien! —respondió Luis—, pero no sé cómo llegar a casa.

—Yo te puedo ayudar —dijo Diego mientras oprimía un botón de su moto de agua. Una tabla de rescate especial salió y se deslizó en el agua. —¡Súbete! —le dijo Diego—, ¡te remolcaré a un lugar seguro!

Diego tenía que encontrar la manera de salir del puerto con Luis en la tabla de rescate. De pronto escuchó un pitido.

—Es mi video-reloj. Mi hermana, Alicia, me está llamando desde el Centro de Rescate de Animales —le explicó a Luis.

—Diego, el puerto está lleno de redes de pesca. Podrías quedarte enredado —le advirtió Alicia—. Para salir del puerto, sigue las boyas rojas desde la número uno, hasta la número cinco.

—Muy bien, Alicia —respondió Diego—. ¡Gracias!

—Tengo que seguir las boyas rojas —dijo Diego—. ¿Ves la boya roja número uno?

—¡Allá está! —exclamó Luis. Diego dirigió la moto de agua hacia donde estaba la primera boya roja.

—*One . . . two . . . three . . . four . . . five* —
contó Diego mientras la moto de agua pasaba todas
las boyas rojas hacia el mar.

Cuando estuvieron mar
adentro, Diego tenía que ayudar
a Luis a encontrar su casa.
—Yo vivo cerca de un hermoso
arrecife con otras tortugas carey
—dijo Luis.

Encontraron un arrecife que estaba lleno
de grandes tortugas que tenían caparazones
blancos y negros. —Esas son tortugas baulas
—dijo Luis.

—Tenemos que encontrar un arrecife donde
haya tortugas con picos filosos y puntiagudos.
¿Lo ves? —preguntó Diego.

—¡Ahí está! —gritó Luis—. ¡Ese es mi hogar!

Diego ayudó a Luis a deslizarse suavemente de la tabla de rescate al mar. Todas las tortugas carey nadaron hacia Luis. Estaban muy contentas al ver que Luis había regresado a su hogar en el arrecife.

Luis estaba muy feliz de estar de vuelta en casa. Le sonrió a Diego y le dijo — Gracias por ayudarme. *Thank you!*

Diego le dijo adiós a Luis con la mano. —*Rescue complete!* ¡Misión cumplida! —celebró Diego—. ¡Esa fue una gran aventura con animales!

# Fundamentos de Aprende jugando de Nick Jr.

¡Las habilidades que todos los niños necesitan, en cuentos que les encantarán!

  **colores + formas**
Reconocer e identificar formas y colores básicos en el contexto de un cuento.

**emociones**
Aprender a identificar y entender un amplio rango de emociones: felicidad, tristeza, entusiasmo, frustración, etc.

 **imaginación**
Fomentar las habilidades de pensamiento creativo a través de juegos de dramatización y de imaginación.

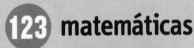 **matemáticas**
Reconocer las primeras nociones de matemáticas del mundo que nos rodea: patrones, formas, números, secuencias.

 **música + movimiento**
Disfrutar el sonido y el ritmo de la música y la danza.

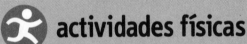 **actividades físicas**
Promover coordinación y confianza a través del juego y de ejercicios físicos.

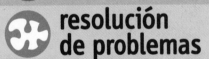 **resolución de problemas**
Usar habilidades de pensamiento crítico (observar, escuchar, seguir instrucciones) para hacer predicciones y resolver problemas.

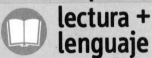 **lectura + lenguaje**
Desarrollar un amor duradero por la lectura a través del uso de historias, cuentos y personajes interesantes.

 **ciencia**
Fomentar la curiosidad y el interés en el mundo natural que nos rodea.

 **habilidades sociales + diversidad cultural**
Desarrollar respeto por los demás como personas únicas e interesantes.

# Ciencia

## Estímulo de conversación

*Preguntas y actividades para que los padres ayuden a sus hijos a aprender jugando.*

Luis ayudó a Diego a aprender la diferencia entre las tortugas carey y las tortugas baulas. ¿Qué es igual entre estos dos tipos de tortuga? ¿Qué es diferente? ¿Puedes dibujar ambos tipos de tortuga?

Para encontrar más actividades para padres e hijos, visita el sitio Web en inglés www.nickjr.com.

# GLOSARIO ESPAÑOL/INGLÉS
## y GUÍA DE PRONUNCIACIÓN

| ESPAÑOL | INGLÉS | PRONUNCIACIÓN |
| --- | --- | --- |
| Ayúdenme | Help | jelp |
| Al rescate | To the rescue | tu de rés-quiu |
| Actívate | Activate | ác-ti veit |
| Uno | One | uán |
| Dos | Two | tu |
| Tres | Three | zri |
| Cuatro | Four | for |
| Cinco | Five | faiv |
| Gracias | Thank you | zánk-iu |
| Misión | Rescue | rés-quiu |
| Cumplida | Complete | com-plit |